FÜR DEINEN WEG

Die schönsten Gedanken für jeden Tag

FÜR DEINEN WEG

Die schönsten Gedanken
für jeden Tag

GROH

Auf deiner Reise durchs Leben begegnet
dir vieles: sonnige Zeiten und
stürmische Momente, Abenteuer und Ruhe,
Aufbruch und Ankommen.

Auf welche Herausforderungen du auch triffst:
Ich wünsche dir, dass du an dich glaubst

**und auf die Kraft vertraust,
die in dir steckt.**

Niemand kann dir sagen,
wohin dein Lebensweg führt,
aber die Wege
ZU ENTDECKEN,
macht das Leben aus.

ANKE KOPIETZ

Man muss den Mut haben,
seine eigenen Spuren zu hinterlassen.
NINA SANDMANN

BEGEISTERUNG bringt uns auf den Weg – Ausdauer ans Ziel!

ANGELIKA EMMERT

Ich will euch mein Erfolgsrezept verraten:
Meine ganze Kraft ist nichts als **Ausdauer.**

LOUIS PASTEUR

Jeder Tag bietet eine Möglichkeit,
lieben zu können, wachsen zu können.
CAROL ANN HIERL

Gib jedem Tag

DIE CHANCE,

der schönste deines
Lebens zu werden.

MARK TWAIN

Den Mut zum Abenteuer belohnt das Leben mit den schönsten **Begegnungen.**

ANGELIKA EMMERT

Du begegnest vielen Menschen in deinem Leben. Aber nur wahre Freunde hinterlassen ihre Spuren

IN DEINEM HERZEN.

UNBEKANNT

Freude ist gespürtes **Leben.**

MICHAEL HORATCZUK

Und wenn du den Eindruck hast,
dass das Leben ein Theater ist,
dann suche dir eine Rolle aus, die dir so
RICHTIG SPAß MACHT.

WILLIAM SHAKESPEARE

Alle **Träume** können wahr werden,
wenn wir den Mut haben, ihnen zu folgen.

UNBEKANNT

DAS AUßERORDENTLICHE GESCHIEHT NICHT AUF GLATTEM, GEWÖHNLICHEM WEGE.

JOHANN WOLFGANG VON GOETHE

Der Reiseführer zu einem glücklichen Leben wird von

UNSEREN WÜNSCHEN GESCHRIEBEN.

ERNST FERSTL

Das wichtigste Stück des Reisegepäcks
ist und bleibt ein **fröhliches Herz.**

HERMANN LÖNS

Zum Glück brauchst du **Freiheit,**
zur Freiheit brauchst du Mut.

PERIKLES

Ich wünsche dir den Mut,
Zäune zu überspringen, um

NEULAND

zu betreten.

MARION BLUM

Vertrauen ist die stillste Art von **Mut.**

IRMGARD ERATH

Alles kommt,
wie es kommen soll –
hab' Geduld und

VERTRAUEN

und alles wird sich weisen.

SILVIA PETRITSCH

Blicke zum Horizont
und darüber hinaus – und du
wirst sehen, wie

GRENZENLOS

dein Leben sein kann.

CARIN REITERER

Hebt man den Blick,
so sieht man keine Grenzen.
AUS JAPAN

Wenn ich allein träume,
ist es nur ein Traum. Wenn wir
GEMEINSAM TRÄUMEN,
ist es der Anfang der Wirklichkeit.

AUS BRASILIEN

Jeder sieht ein Stückchen **Welt.**
Gemeinsam sehen wir die ganze.

ELISABETH SCHÖFFL-PÖLL

Freunde machen **stark.**

ELSE PANNEK

Hilfe anzunehmen ist
kein Zeichen von Schwäche.
Es ist vielmehr unsere Stärke,
DIE EIGENEN GRENZEN
anzunehmen und zu unserer
Unvollkommenheit zu stehen.

STEFANIE VEY

FANG AN!

DADURCH ALLEIN
KANN DAS UNMÖGLICHE
MÖGLICH WERDEN.

THOMAS CARLYLE

Die größten Errungenschaften
waren anfangs nur **Träume.**

JAMES ALLEN

Hör in dich hinein und

DU SPÜRST,

was in dir steckt.

ELFRIEDE ENGEL

Manchmal brauchen wir
so richtig Gegenwind, damit wir
erfahren, wie stark wir sind.
IRMGARD ERATH

NIMM DIR ZEIT
ZUM TRÄUMEN, ES IST DER
WEG ZU DEN STERNEN.

AUS IRLAND

In uns selbst liegen
die Sterne unseres Glücks.
HEINRICH HEINE

Wir segeln in verschiedenen Richtungen über den Ozean des Lebens; die Vernunft ist die Karte,

DIE LEIDENSCHAFT

der Wind.

DEUTSCHES SPRICHWORT

Begeistere dich für das Leben.
Das bloße Gefühl zu leben,
ist Freude genug.
EMILY DICKINSON

DER IST KEIN
FREIER MENSCH,
DER SICH NICHT
AUCH EINMAL DEM
NICHTSTUN
HINGEBEN KANN.

CICERO

Ausruhen ist kein Stehenbleiben –
sondern ein **Krafttanken.**

ERNST FERSTL

Dein Leben ist der
kostbarste Schatz,
den du besitzt. Es gehört dir

GANZ ALLEIN.

GABRIELA BUCHHOLZ

Du bist da,
um dein einziges,
einmaliges Leben
mit Glück zu füllen.
EPIKUR

Wünsche in die Realität umzusetzen, ist die Herausforderung, an der alles scheitert – oder zu einem

GROßEN ABENTEUER WIRD.

ELSE PANNEK

„Jetzt erst recht!"
lautet die richtige Antwort
auf jeden Fehlversuch.

BERND WINKEL

Unsere Bestimmung ist keine Frage des Glücks,
sondern eine Frage der **eigenen Wahl.**

WILLIAM JENNINGS BRYAN

DAS GROẞE IST NICHT DIES
ODER DAS ZU SEIN, SONDERN
MAN SELBST
ZU SEIN.

SØREN KIERKEGAARD

Trotz allem sollte man es wagen,
den Weg fortzusetzen, selbst wenn
man fühlt, es ist unmöglich, dennoch
WEITERZUGEHEN.

VINCENT VAN GOGH

Mut steht am Anfang des Handelns,
Glück am Ende.
DEMOKRIT

Mit Anlauf kann man über den Schatten eines Anderen springen, **mit Mut** über den eigenen.

KARLHEINZ KARIUS

Wir sollten viel öfter einen

MUTAUSBRUCH

haben!

UNBEKANNT

Der Mut ist wie die Liebe.
Er ernährt sich von der Hoffnung.
NAPOLEON BONAPARTE

Blicke in dich.
In deinem Inneren
ist eine Quelle, die

NIE VERSIEGT,

wenn du nur
zu graben verstehst.

MARC AUREL

Jedes glückliche Lächeln
ist zugleich ein Lichtblick
für andere.
FRIEDERIKE
WEICHSELBAUMER

LACHEN KRÄFTIGT DIE SEELE.

JUDY PARKER

An dem Tag, an dem du die Verantwortung für dich übernimmst, an dem Tag beginnt **deine Freiheit.**

MARC ROBINSON

Verantwortlich ist man
nicht nur für das, was man tut,
sondern auch für das, was man

NICHT TUT.

LAOZI

Der effektivste Weg,
etwas zu tun, ist, **es zu tun.**

AMELIA EARHART

Die Dinge

SIND NIE SO,

wie sie sind. Sie sind immer das,
was man aus ihnen macht.

JEAN ANOUILH

DEN MUT HABEN,

Fehler zu machen! Aus den Fehlern lernen wir; wenn wir sitzen bleiben, lernen wir nichts.

HEINRICH JOHANN WILHELM GRAF BENTINCK

Wer ins kalte Wasser springt,
taucht ins Meer der **Möglichkeiten.**

AUS FINNLAND

LASS LOS,
was dich festhält und du hast
die Hände frei, um Neues
in die Hand zu nehmen.

MARION BLUM

Überraschungen sind die
Abenteuer des Alltags.

THOMAS ROMANUS

Bei Altbewährtem
zu bleiben, ist leicht. Jeder
NEUANFANG
erfordert eine Menge Mut –
sei stolz darauf, diesen Mut
bewiesen zu haben.

SILVIA PETRITSCH

Nichts **beflügelt** mehr
als der Stolz auf die eigene Leistung.

MARIELLE SCHUMANN

Glück ist, den **eigenen Kurs** zu bestimmen.
JEREMY A. WHITE

Wenn du die Richtung kennst, hast du den ersten

SCHRITT

deines Weges bereits vollbracht.

MARION BLUM

Erfolg heißt, sich selbst zu mögen,
zu mögen, **was man tut,**
und zu mögen, wie man es tut.

MAYA ANGELOU

Der Zufall schickt dich manchmal genau dorthin, wo du am Dringendsten gebraucht wirst. Gib acht – stelle dich der Aufgabe – und erfülle sie gewissenhaft.

HORST REINER MENZEL

Ist nicht das, wovon **wir träumen**,
das, was wir brauchen?

JOHANNA RÜCKERT

Wenn einer sich
voller Selbstvertrauen aufmacht,
SEINE TRÄUME
zu verwirklichen, wird er damit
größeren Erfolg haben,
als gemeinhin angenommen.

HENRY DAVID THOREAU

Interessiere dich für dein Leben!
Du bist der Einzige, der etwas **daraus machen** kann.

ELSE PANNEK

WAS WIR IM LEBEN
AUS EIGENER KRAFT SCHAFFEN,
ENTWICKELT SICH ZU
INNERER STÄRKE.

ANGELIKA EMMERT

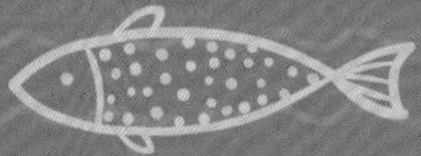

FREIHEIT

bedeutet Verantwortlichkeit;
das ist der Grund, weshalb die meisten
Menschen sich vor ihr fürchten.

GEORGE BERNARD SHAW

Das wahre Glück besteht darin,
sich **frei entfalten** zu können.

THÉOPHILE GAUTIER

SEI FÜR

DIESEN MOMENT

GLÜCKLICH, DENN DIESER MOMENT IST DEIN LEBEN.

OMAR KHAYYAM

Glück ist **Fantasie,**
die einem jederzeit kleine Fluchten aus
dem Alltag ermöglicht.

PATRICE JEANCOURT

Du wirst glücklich sein, sprach das Leben,
aber zuerst werde ich dich **stark** machen.

UNBEKANNT

SEI MUTIGER

als du wirklich bist.
Gehorche deinem Gefühl mehr als
deiner Vernunft. Trau dich
einen Schritt weiter. Das Leben wird
dich reichlich dafür belohnen.

UNBEKANNT

Freunde machen das Leben **bunt.**

UNBEKANNT

Hast du bewährte
Freunde gefunden, so hefte sie

UNZERTRENNLICH

an deine Seele.

WILLIAM SHAKESPEARE

Beginne mit dem Notwendigen,
dann tue das Mögliche – und plötzlich wirst du
das **Unmögliche** tun.

FRANZ VON ASSISI

Ich habe schon als Kind von einer

REISE ZU DEN STERNEN

geträumt. Zur Not wäre ich
auf einem Besen hingeflogen.

WALENTINA TERESCHKOWA

Versuche stets, ein
Stückchen Himmel
über deinem Leben
freizuhalten.

MARCEL PROUST

Du bist deine
eigene Grenze,
ERHEBE
dich darüber.

HAFIS

Es ist nicht nötig, dass wir die Zukunft wissen;
wir bedürfen nur der **Kraft für heute.**

CHARLES HADDON SPURGEON

Warum den Dingen nachtrauern,
die wir nicht besitzen, statt sich daran

ZU ERFREUEN,

was wir haben?

PETER FRIEBE

ALLE DEINE KRÄFTE ENTFALTEN UND DEINEM ZIEL IMMER NÄHER KOMMEN – WELCH EIN

HOCHGEFÜHL!

JUTTA METZ

Du kannst **von Stein zu Stein** hüpfen,
statt über Hindernisse zu klagen.

YVONNE MÖLLEKEN

Wer nur zurückschaut, kann nicht sehen,
was auf ihn **zukommt.**

KONFUZIUS

BLICKE ICH ZURÜCK,
SAGE ICH „DANKE“,
BLICKE ICH NACH VORN,
SAGE ICH „JA!“

RAINER KAUNE

Schwing dich aus allem heraus,
was dich beengt!

BETTINA VON ARNIM

Alles, was hinter dir liegt, kennst du bereits. Nur wenn du nach vorne schaust, hast du

DIE CHANCE,

neue, noch schönere Dinge zu entdecken, die dir bis jetzt noch unbekannt sind.

SILVIA PETRITSCH

Zeige dich, wie du bist, und sei,
wie du dich zeigst.
MARIA WARD

Es macht dich frei,
wenn du nicht länger fragst,
was man über dich denkt
und redet. Es kommt allein auf

DEIN JA ZU DIR AN.

INGRID KOLLER

Nur wer an sich glaubt,
an den **glauben** auch andere.

UNBEKANNT

Gesundes Selbstvertrauen

ENTSPRINGT DEM MUT

zu sich selbst und mündet in die Toleranz gegenüber anderen.

ERNST FERSTL

Allein kannst du viel erreichen,
zusammen mit anderen alles.

SPRICHWORT

WO MENSCHEN ZUSAMMENHALTEN, ÖFFNEN SICH IMMER WIEDER NEUE MÖGLICHKEITEN.

FRIEDERIKE WEICHSELBAUMER

Eine Palette aus Gefühl, Mut und Leidenschaft
lässt dein Leben bunt **leuchten.**

SABINA BREDEMEIER

Wenn du
dorthin gehst, wohin

DEIN HERZ

dich ruft, brauchst du
niemanden nach dem Weg
zu fragen.

JOHANNA RÜCKERT

Sei bereit, in jedem Augenblick,
etwas **Besonderes** zu erleben.
GABRIELA BUCHHOLZ

AUFGESCHLOSSEN
um die Ecken des Lebens
zu biegen, lässt uns
bunte Abenteuer entdecken.

ANGELIKA EMMERT

Zum Neinsagen gehört oft

MEHR MUT,

als zum beschwichtigenden Ja,
das dem Nein aus dem Weg
zu gehen sucht.

WILHELM VOGEL

Probleme sind versteckte **Chancen**,
an uns selbst zu wachsen.

STEFANIE VEY

Begeisterung ist
der entscheidende
FUNKE,
der unsere innere
Kraft entzündet.

JUSTUS PAUL

In dir muss brennen,
was du in anderen entzünden willst.
AUGUSTINUS VON HIPPO

Das Leben ist zu aufregend,
als dass man **gemütlich** darin herumsitzen dürfte.

PETER BAMM

Neuland erkunden,
den Sprung ins kalte Wasser
wagen und dabei unsere

SEELE AUFTANKEN.

ANGELIKA EMMERT

Dem wahrhaft Neugierigen
erschließt sich alles,
was das Leben zu bieten hat.

WILLIAM MORRIS DAVIS

Man entdeckt keine neuen Erdteile, ohne den Mut zu haben, alte Küsten

AUS DEN AUGEN

zu verlieren.

ANDRÉ GIDE

DER WEG
WÄCHST IM GEHEN
UNTER DEINEN FÜßEN
WIE DURCH EIN WUNDER.

REINHOLD SCHNEIDER

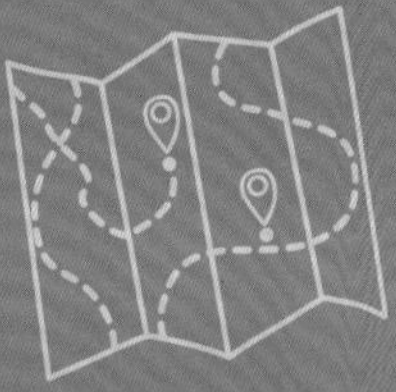

Auch ein kleiner Schritt
kann für einen großen **Aufbruch** stehen.

JUSTUS PAUL

Jede Veränderung
macht uns reicher. Reicher

AN ERFAHRUNG.

Reicher an Selbsterkenntnis.
Es gibt uns die Chance,
uns stetig weiterzuentwickeln.

STEFANIE VEY

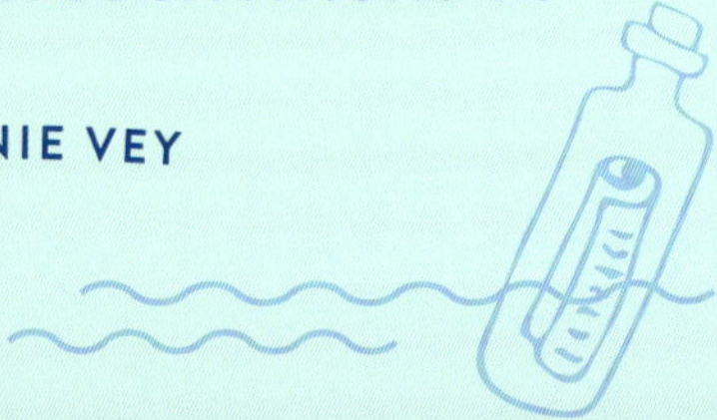

Alle Kraft, die wir fortgeben,
kommt erfahren und verwandelt
wieder über uns.
RAINER MARIA RILKE

DIE SCHÖNSTE GABE DES LEBENS IST DAS

WÜNSCHEN.

BENEDIKT AMBACHER

Wünsche sind die beachtlichsten **Brückenbauer**
und die mutigsten Begeher.

ELFRIEDE HABLÉ

LEBENSKUNST

ist: Bei Gegenwind so lange zu warten, bis er sich dreht und zum Rückenwind wird.

IRMGARD ERATH

Alles loslassen und sich
vom Wind treiben lassen –
so **entdeckt** man Neues.

UNBEKANNT

Lebe deine
Einmaligkeit aus und
du bist für die Welt etwas,
was es noch

NIE ZUVOR

gegeben hat!

YVONNE MÖLLEKEN

Die Vorstellung ist wundervoll,
aber noch **wundervoller** ist das Erlebnis.

OSCAR WILDE

Gib niemals auf; gib niemals auf;
gib niemals auf, nie nie nie...

WINSTON CHURCHILL

Gegen das Fehlschlagen
eines Plans gibt es keinen
besseren Trost, als

AUF DER STELLE

einen neuen zu machen.

JEAN PAUL

Bereit sein ist viel,
warten können ist mehr,
doch erst den rechten
AUGENBLICK
nützen ist alles.

ARTHUR SCHNITZLER

Chancen multiplizieren sich,
wenn man sie ergreift.

SUNZI

PRAKTISCHE WEISHEIT KANN NUR DURCH DIE SCHULE **DER ERFAHRUNG** GELERNT WERDEN.

SAMUEL SMILES

Auch schlechte Erfahrungen haben
ihre **guten Gründe.**

ERNST FERSTL

Niemand **außer dir** kann dich glücklich oder unglücklich machen.

MARTIN OPITZ

Tausche bei all deinen Sätzen „kann"
gegen „will" und du
wirst mehr über dich selbst

ERFAHREN,

als du dir vorstellen kannst.

REINHOLD BERTSCH

Miteinander etwas zu schaffen,
stärkt den Zusammenhalt.

FRIEDERIKE WEICHSELBAUMER

Damit sich unser Leben
entfalten kann, damit wir
vollständig werden, brauchen wir

MENSCHEN,

die uns ergänzen – mutig, kraftvoll
und mit einem Herz aus Gold.

ANGELIKA EMMERT

Erhelle das Morgen mit dem Heute.

ELIZABETH BARRETT-BROWNING

AUS DEM LICHT

des Augenblicks
lässt sich Kraft für die
Zukunft schöpfen.

FRIEDERIKE WEICHSELBAUMER

MUT WIRD IMMER
BELOHNT.
ENTWEDER MIT ERFOLG
ODER MIT ERFAHRUNG.

SONJA RECKNAGEL

Auch Umwege erweitern unseren **Horizont.**

ERNST FERSTL

GANZ UND GAR

MAN SELBST ZU SEIN,
KANN SCHON EINIGEN
MUT ERFORDERN.

SOPHIA LOREN

Jeder von uns ist auf seine Weise **einzigartig.**

KIRPAL SINGH

Wenn der Mensch
sich etwas vornimmt,
so ist ihm mehr
MÖGLICH,
als man glaubt.

JOHANN HEINRICH PESTALOZZI

Denn das liegt jetzt in meiner Macht:
meinem Leben die Richtung **auf das Gute** zu geben!

LEO TOLSTOI

Wenn nicht **jetzt**, wann dann?
UNBEKANNT

In jedem von uns
bleibt etwas unvollendet,
das noch darauf wartet,
ERFÜLLT
zu werden.

RUTH RAU

Tu etwas Gutes, wo immer du bist.
Es sind **all die Kleinigkeiten,** die zusammen
die Welt verändern.

DESMOND TUTU

Auch ganz kleine Taten
können die Welt
VERÄNDERN.
Und wenn es nur die eigene
kleine Welt ist.

IRMGARD ERATH

Heute lebe ich – und heute ist **alles möglich.**

GABRIELA BUCHHOLZ

Lieben, Lachen, glücklich sein. Gemeinsam Wege finden, gehen, meistern. Spüren, was

WIRKLICH WICHTIG

ist im Leben.

ANNA JOHANNSEN

Nimm dir jeden Morgen Zeit für dich und **deine Träume** – dann wage mutig aufzubrechen.

DOROTHÉE BLEKER

Für viele ist es nur ein Gedanke.
Für einige ist es nur ein Traum.
Für dich ist es das Ziel:

LAUF LOS!

SILKE FÖRSTER

Textnachweis: Wir danken allen Autoren bzw. deren Erben, die uns freundlicherweise die Erlaubnis zum Abdruck von Texten erteilt haben, sowie: Ernst Ferstl, www.gedanken.at, für die Zitate auf S. 16, 37, 93, 123 und 131; Suhrkamp Verlag für das Zitat von George Bernard Shaw auf S. 70; für das Zitat auf S. 107 aus: André Gide, Gesammelte Werke in 12 Bänden, Band IX/3, Der Falschmünzer © 2000, Deutsche Verlags-Anstalt, München, in der Penguin Random House Verlagsgruppe GmbH.

Bildnachweis: Cover: PPAMPicture/E+/Getty Images; Illustrationen: CSA-Archive/DigitalVision Vectors/Getty Images; LUDmyla/Shutterstock.com; pyatkevich_denis/Shutterstock.com; BigMouse/Shutterstock.com; lala_kambola/Shutterstock.com; stock.adobe.com/Afanasia; S. 5: SensorSpot/E+/Getty Images; S. 7: Michael Thaler/Shutterstock.com; S. 8: Chan Srithaweeporn/Moment/Getty Images; S. 10: stock.adobe.com/yatcenko; S. 12: Çagri Burak Oymak/EyeEm/Getty Images; S. 14: stock.adobe.com/eyewave; S. 17: Dougal Waters/DigitalVision/Getty Images; S. 18: bensliman hassan/Shutterstock.com; S. 20: Alena Ozerova/Shutterstock.com; S. 23: stock.adobe.com/jamenpercy; S. 25: NicoElNino/Shutterstock.com; S. 26: stock.adobe.com/styf; S. 29: stock.adobe.com/mvPhoto; S. 31: fhm/Moment/Getty Images; S. 33: stock.adobe.com/Liliia; S. 35: De Visu/Shutterstock.com; S. 37: undefined undefined/iStock/Getty Images; S. 39: Phillip B. Espinasse/Shutterstock.com; S. 41: stock.adobe.com/El Paparazzo; S. 42: Zolotarevs/Shutterstock.com; S. 45: Oliver Hoffmann/Shutterstock.com; S. 46: Rene Romankiewicz/EyeEm/Getty Images; S. 48: Doris Oberfrank-List/Shutterstock.com; S. 50: Philip Waller/Image Source/Getty Images; S. 52: Gabriela Insuratelu/Shutterstock.com; S. 54: bluefish_ds/Shutterstock.com; S. 57: stock.adobe.com/irabel8; S. 59: Tina Terras & Michael Walter/Moment/Getty Images; S. 61: Adam Zoltan/Shutterstock.com; S. 62: stock.adobe.com/Rolandas; S. 64: zsveta/Moment/Getty Images; S. 66: SantaLiza/Shutterstock.com; S. 68: stock.adobe.com/haiderose; S. 71: K Alina/Shutterstock.com; S. 73: Stock.adobe.com/Nordreisender; S. 74: fotojanis/Shutterstock.com; S. 76: Chad McDermott/Shutterstock.com; S. 78, 111: EpicStockMedia/Shutterstock.com; S. 80: Uwe Krejci/DigitalVision/Getty Images; S. 82: ThomBal/Shutterstock.com; S. 85: Ingrid Pakats/Shutterstock.com; S. 88, 142: Marco Bottigelli/Moment/Getty Images; S. 86: sumikophoto/Shutterstock.com; S. 90: Darren William Hall/Shutterstock.com; S. 92: isarescheewin/Shutterstock.com; S. 94: stock.adobe.com/Lillian; S. 96: TommL/E+/Getty Images; S. 98, 135, 138: Westend61/Getty Images; S. 101: nulinukas/Shutterstock.com; S. 103: bmphotographer/Shutterstock.com; S. 104: FredFroese/iStock/Getty Images; S. 106: urbancow/E+/Getty Images; S. 109: Olha Rohulya/Shutterstock.com; S. 113: stock.adobe.com/sweasy; S. 115: stock.adobe.com/Alliance; S. 117: Alexander Spatari/Moment/Getty Images; S. 118: stock.adobe.com/Marco Martins; S. 121: Lidiya Oleandra/Shutterstock.com; S. 123: Justin Pettit/EyeEm/Getty Images; S. 124: stock.adobe.com/Maurizio De Mattei; S. 126: Tatyana Soares/Shutterstock.com; S. 128: stock.adobe.com/Jenny Sturm; S. 131: stock.adobe.com/dieter76; S. 133: Yossef Zilberman/Shutterstock.com; S. 136: Max Topchii/Shutterstock.com; S. 140: alfalfa126/Moment/Getty Images.

Layout: Dipl. Grafik Designerin Doris Wohofsky
Satz: Konstantin Wohosfky | wohofsky.net
Gesamtherstellung: Elma Printing & Finishing, Istanbul

ISBN 978-3-8485-0039-0

Landsbergerstraße 346, 80687 München
www.groh.de

Kontaktadresse nach EU-Produktsicherheitsverordnung:
produktsicherheit@droemer-knaur.de

FSC www.fsc.org MIX Papier | Fördert gute Waldnutzung FSC® C164814

6 7 8 9